Souls
SECRET BOX

Design graphique : Tanguy Bigot.
www.tanguybigot.com

ISBN : 978-2-84933-648-9

www.editions-tredaniel.fr
info@guytredaniel.com
www.facebook.com/editions.tredaniel
@tredaniel_eso
editions_contre_dires

Stéphanie Abellan

Souls Secret Box

SE DÉCOUVRIR OU RAVIVER *les liens amoureux*

Éditions **CONTRE-DIRES**
19, rue Saint-Séverin
75005 Paris

SOMMAIRE

L'EXPÉRIENCE VA BIENTÔT COMMENCER...

Bienvenue à vous qui vous apprêtez à découvrir la *Souls Secret Box*. Que vous soyez deux âmes encore inconnues qui cherchent à mieux se connaître, ou un couple amoureux bien installé, ce coffret vous permettra de lâcher prise sur les aléas et la superficialité du quotidien, afin de vous offrir une parenthèse de (re)connexion à votre moi profond – celui qui est dénué d'ego et de masques – et à celui de votre partenaire.

Le but de cette expérience hors du temps est d'arriver à vous livrer de cœur à cœur, de laisser l'autre se connecter à votre chakra du cœur, de vous comprendre, de vous écouter et d'être, peut-être, ému par votre vrai « vous », que vous pourrez dévoiler en toute pudeur.

Je vous souhaite un agréable moment à partager à deux.

Stéphanie

COMPOSITION DU COFFRET

Le coffret se compose de deux types de cartes.

Les cartes « Question » vous permettront de révéler ou de faire redécouvrir à l'autre votre vraie personnalité, avec ses qualités mais aussi ses failles. Même les couples les plus expérimentés qui pensent se connaître peuvent être surpris par l'impact de ces cartes sur leur relation.

Les cartes « Action » vous inviteront à vous connecter à votre partenaire sur les plans physique, émotionnel, psychique et même quantique !

Elles seront détaillées ci-après afin que vous compreniez bien leur fonctionnement. Si une carte vous met mal à l'aise, vous pouvez la rendre à votre partenaire. Le but n'est en aucun cas de vous forcer à répondre à une question trop intime ou à faire quelque chose que vous ne voulez pas.

Une fois l'expérience terminée, vous allez avoir la sensation d'être aligné·e à l'autre et d'avoir pu le·la voir réellement dans son énergie divine et sacrée, au-delà des apparences, qui dressent un mur entre les autres et nous.

MATÉRIEL

- Des stylos.
- Des feuilles de papier.
- Une huile de massage.
- Une ambiance tamisée.
- Un cocktail.
- Une playlist de musique cosy.

COMMENT UTILISER LA *SOULS SECRET BOX* ?

Ouvrez la boîte et sortez les cartes.
Battez les cartes « Action » et « Question » afin qu'elles soient bien mélangées.

La première personne à tirer une carte devra la lire à haute voix à son partenaire, qui répondra alors à la question ou effectuera l'action demandée.

Vous avez terminé lorsque toutes les cartes ont été tirées, mais vous pouvez continuer, si vous le désirez, en posant vos propres questions et en donnant votre ressenti sur l'expérience.

CARTES ACTIONS

1 • *Can you feel me ?*

Le but de cette carte est de ressentir l'énergie circuler entre vous durant une minute. Vous devrez vous tenir les mains, soit en continuant de parler tout en ressentant l'énergie de l'autre, soit en silence afin de vous concentrer sur l'exercice.

À votre chrono ! Prêt ? Partez !

2 • Le mystère du hasard

Dans toute destinée se trouvent des déviations, des rencontres mystérieuses ou des évènements qui vous ont mené là ou vous êtes aujourd'hui. Le but de cet exercice est de remonter le fil de votre destinée commune en notant sur un papier, chacun de votre côté sans vous concerter, les cinq éléments qui vous ont fait vous rencontrer.

Exemple :

1. J'ai croisé Marie la semaine dernière au supermarché, je ne l'avais pas vu depuis 10 ans. Elle m'a invitée à son anniversaire samedi.

2. À cet anniversaire – auquel je n'avais pas envie d'aller – j'ai rencontré Nicolas, qui est passionné de rallye.

3. Cela m'a donné envie de visionner des vidéos sur les courses de rallye et, de fil en aiguille, je suis tombée sur un forum.

4. Sur ce forum, une personne avait indiqué l'adresse d'un très bon mécanicien spécialisé en voiture de course.

5. Lorsque je me suis rendue dans ce garage, je t'ai rencontré.

Le destin doit parfois faire beaucoup de détours pour nous mener là où nous devons aller. Mais, quand nous nous rendons compte des synchronicités et des heureux hasards, cela donne beaucoup de sens à la rencontre.

3 • Le pacte

Que vous soyez dans une relation de longue durée ou que vous veniez à peine de vous rencontrer, une chose est essentielle dans un couple : la notion de respect et de bienveillance. Je vous propose donc de signer un pacte.

Même si, cela n'a pas toujours été le cas dans votre relation, il est toujours temps de rebâtir de nouvelles fondations.

Je vous invite à prendre une feuille blanche et à inscrire, chacun de votre côté, ce que vous vous engagez à faire pour l'autre dans la relation.

Exemple :

- Je m'engage à te respecter dans toutes les situations et à m'excuser si je n'arrive pas à tenir cet engagement.

- Je m'engage à ne jamais te mentir et à ne jamais te trahir.

- Je m'engage à toujours communiquer avec toi lorsque certaines choses ne me conviennent pas, même si j'ai pour habitude de fuir.

Le but de cet exercice est de prendre un engagement moral, émotionnel et énergétique l'un avec l'autre.

4 • *Hug me tender*

Cet exercice est rapide, mais efficace !

Prenez-vous dans les bras durant 20 secondes et ressentez le réconfort et la chaleur de votre partenaire.

5 • La promesse

Cet exercice est ce que l'on appelle un exercice de matérialisation. Il s'agit d'ancrer dans la matière ce que l'on veut symboliser dans l'énergétique. Pour ce faire, vous allez chacun prendre un morceau de papier et y dessiner un cœur. Ensuite, entourez-le d'une bulle de protection, puis datez et signez à l'intérieur du cœur.

Ce document fera acte de votre engagement à ne pas faire souffrir l'autre et à le protéger de la souffrance du mieux que vous pouvez. Échangez ensuite vos papiers respectifs.

6 • Le baiser charnel

Cet exercice vous demande de laisser votre chakra sacré en action, d'éveiller votre sensualité avant la sexualité.

Choisissez une partie du corps de votre partenaire (main, joue, cou, bouche…) et embrassez-la sensuellement et en conscience.

7 • Le troisième participant

Cet exercice fera intervenir un troisième participant – fictivement, bien entendu !

Cette soirée n'est dédiée qu'a vous deux, je vous rassure.

La personne qui aura tiré cette carte devra simuler une conversation avec une personne imaginaire en lui parlant de son·sa partenaire.

Imaginez que vous êtes en train de parler à un ami, que diriez-vous ? Quelles qualités vanteriez-vous ? Que diriez-vous sur votre relation et sur vos envies ou vos espoirs vis à vis d'elle ?

8 • Les yeux sont le miroir de l'âme

Le psychologue italien Giovanni Caputo a eu l'idée de lancer une série de test où plusieurs personnes assises face à face devaient se regarder dans les yeux durant 10 minutes.

Cette expérience a ensuite été adaptée par une jeune universitaire qui a testé une théorie selon laquelle deux personnes pouvaient tomber amoureuse en se regardant en continu dans les yeux durant 4 minutes. Il s'avère que l'expérience fut un succès pour elle, car elle tomba amoureuse de son partenaire.

Cette expérience a ensuite été reprise par d'autres chercheurs qui l'ont utilisée pour faire retomber amoureux des couples qui se côtoyaient depuis de nombreuses années et dont la passion s'est tarie.

Pour cet exercice, enclenchez donc votre chrono durant 4 minutes et… tentez l'expérience !

9 • La même direction

Nos vibrations disent beaucoup sur nos pensées, sur nos paroles et, par extension, sur nos actions. Cet exercice vous permettra de voir si vous êtes aligné·e à votre partenaire.

Prenez une feuille de papier chacun. Dessinez votre future maison, si vous n'habitez pas ensemble, ou votre prochaine maison de rêve, si vous habitez déjà ensemble. Attention, l'autre ne doit pas voir votre dessin et ne doit pas s'en inspirer.

Le but de l'exercice est de voir si vous projetez les mêmes attentes et si vous avez les mêmes goûts.

Ne lisez la suite qu'après avoir terminé votre dessin.

Une fois que vous avez terminé, comparez vos deux dessins. Voici de petits indices pour vous aider à les interpréter :

- De quelle taille est votre maison ? La taille de la maison montre la confiance que vous mettez dans la relation et son futur.

- La maison est-elle sur le devant du dessin ou tout au fond ? Cela vous indique si la projection est dans un futur proche ou éloigné.

- Y a-t-il des enfants sur le dessin ? Des animaux ? Cela indique une envie de fonder une famille et un engagement fort.

- Le décor est-il rempli ? Y a-t-il beaucoup de détails ou le dessin est-il vide ? Cela vous indique l'envie de votre partenaire de s'impliquer dans la relation.

- La parcelle est-elle délimitée ou n'y a-t-il aucun pourtour ? Cela indique la notion de liberté que votre relation inspire à votre partenaire.

- Comment est le ciel ? Y'a-t-il du soleil ou de la pluie ? Cela indique le baromètre émotionnel de votre partenaire vis à vis de la relation.

10 • *A gentle touch*

Cet exercice vous offre la possibilité de faire un massage en conscience à votre partenaire. Cela lui permettra de ressentir le touché de façon consciente également.

Vous devez masser la partie du corps de votre choix (main, cheveux, dos…) durant 1 minute, ou plus selon votre envie.

11 • *A love song*

Cet exercice est simple. Vous allez pouvoir choisir le slow de votre choix et danser ensemble.

Choisissez une musique qui vous parle à tous les deux et faites cet exercice en silence, le but étant de ressentir l'autre par le corps, par le cœur et par les vibrations du moment.

FIN DE L'EXPÉRIENCE

Je vous remercie d'avoir passé ce moment en compagnie de la *Souls Secret Box*. Vous pouvez jouer et rejouer l'expérience aussi souvent que vous le souhaitez, dès que vous sentez que vous ne vous êtes pas senti reconnecté depuis un moment.

Longue vie à vos amours !

À PROPOS DE L'AUTEURE

Stéphanie Abellan s'est toujours intéressée à la spiritualité et au développement personnel. Depuis dix ans, tout son travail de thérapeute est axé sur la libération et le nettoyage de la mémoire cellulaire. Créatrice des bijoux medeores, elle propose ses soins ainsi que de nombreux outils thérapeutiques de développement personnel sur son site : **www.lesmedeoresdankaa.fr.**

Retrouvez Stéphanie Abellan sur :

@lesmedoresdankaa

Les Medeores d'Ankaa

DE LA MÊME AUTEURE

Pour les enfants :

- *L'Oracle des petits magiciens*, coffret, Le Courrier du Livre, 2021.
- « Les contes d'Ankaa », collection de plus de 11 contes traitant de sujets tels que la résilience, la pensée positive, le deuil, la confiance en soi, l'échec solaire ou les peurs.

Pour les adultes :

- *Karma Bitch*, livre, Le Courrier du Livre, 2019.
- *L'Oracle d'Ankaa, Libération de la mémoire cellulaire et des états d'âme*, coffret, Le Courrier du Livre, 2020.
- *L'Oracle de la Flamme d'Ankaa, Comprendre et libérer ses blocages émotionnels et amoureux*, coffret, Le Courrier du Livre, 2021.
- *L'Oracle des Medeores*, coffret, Éditions Exergue, 2021.
- *Good Karma Box*, coffret, Éditions Contre-Dires, 2021.
- *Good Quantic Box*, coffret, Éditions Contre-Dires, 2021.
- *Merci Connard !, Se libérer des souffrances émotionnelles*, livre, Éditions Contre-Dires, 2021.